故宫新影

被镜头定格的历史风华

李少白——著

中国财经出版传媒集团
中国财政经济出版社
北京

图书在版编目（CIP）数据

故宫新影：被镜头定格的历史风华 / 李少白著 . 北京：中国财政经济出版社，2024.8 --（“李少白拍故宫 40 年”系列丛书）. -- ISBN 978-7-5223-3247-5

Ⅰ. K928.74-64

中国国家版本馆 CIP 数据核字第 2024CW2834 号

责任编辑：潘　飞　　　　责任印制：史大鹏
策划编辑：潘　飞　　　　责任校对：胡永立

故宫新影：被镜头定格的历史风华
GUGONG XINYING: BEI JINGTOU DINGGE DE LISHI FENGHUA

中国财政经济出版社 出版

URL：http：//www.cfeph.cn
E-mail：cfeph @cfemg.cn

社址：北京市海淀区阜成路甲 28 号　邮政编码：100142
营销中心电话：010-88191522
天猫网店：中国财政经济出版社旗舰店
网址：https：//zgczjjcbs.tmall.com
北京雅昌艺术印刷有限公司印刷　各地新华书店经销
成品尺寸：190mm × 260mm　16 开　16.5 印张　50 000 字
2024 年 9 月第 1 版　2024 年 9 月北京第 1 次印刷
定价：170.00 元
ISBN 978-7-5223-3247-5
（图书出现印装问题，本社负责调换，电话：010-88190548）
本社图书质量投诉电话：010-88190744
打击盗版举报热线：010-88191661　QQ：2242791300

推荐序

对无数故宫摄影爱好者而言，李少白先生可谓大名鼎鼎！他的故宫系列摄影作品，不仅成为故宫摄影的一个代表性符号，也是中国传统建筑题材的杰出艺术作品，在中国摄影界留下浓墨重彩的一笔。

故宫也称“紫禁城”，作为明、清两代的皇宫，有二十四位皇帝相继在此登基执政。故宫历经世纪的风霜洗礼，承载厚重的年代变革，六百年仍然完整巍峨屹立于世人眼前，金碧辉煌，红墙黄瓦，殿宇楼台，壮观雄伟，令世人惊叹。故宫的整体建筑无论是空间布局，还是外观形制，都是中国古建筑中无与伦比的杰作，是中国古代人民的智慧结晶，也是目前世界上现存规模最大、保存最为完整的木质结构的古建筑群之一。

李少白选择故宫作为一生的创作对象可谓慧心独具，他潜心拍摄四十年，用精湛的影像，表达出摄影艺术家对故宫的理解和诠释。他通过丰富的镜头语言，将故宫红漆剥落的宫门、锈迹斑斑的锁头、岁月累痕的铜缸、峻冷威武的石狮、高墙夹峙的甬道、长满苔藓的台阶等等，一一展示在人们面前。李少白的摄影作品感动了很多人，显示出不凡的艺术成就。他用独特的摄影视角和灵动的摄影光影语言，展示出气势磅礴的故宫建筑之美，他用他自己的理解，用心灵的感悟，表达出故宫充满诗意的影像的宏大境界。

2003 年，中央电视台和故宫博物院合作，拍摄百集《故宫》大型纪录片，李少白作为唯一的摄影师全程参与。他用艺术的眼光和手法，给我们展现出一个有别于他人眼里和镜头里的“看不见的故宫”。在李少白的镜头中，故宫并不仅仅是建筑的物质形态，更是一件蕴藏恢宏历史与中国传统文化的精神载体。他怀揣着一颗虔诚之心，利用几十年磨砺出的精湛技艺和对艺术创造孜孜不倦的探求，把自己加到故宫的拍摄画面中去，用独有的理解来表现出故宫的历史沧桑，也拍到许多独一无二的故宫摄影艺术佳品。

故宫是伟大的风景，更是中国几千年文明的浓缩，每一个画面都足以震撼人心。这么多年来，李少白一直用自己的影像来表现故宫，也通过借助故宫来表达他的艺术创思，在经年累月的故宫摄影生涯中，李少白找到了他自己的价值。他身上有着艺术家的天马行空不羁气质，更有着一颗温柔如水的情怀，他一直在用镜头，用爱恋之心与故宫影像对话。

2025 年是故宫博物院百年华诞，李少白和“大观”图书品牌为此联合推出“李少白拍故宫 40 年”系列丛书，以如此大的体量，为百岁故宫博物院献上生日贺礼，这让我非常震撼和感动。尤其是丛书名中的“四十年”设计，明显释放出“老骥伏枥，志在千里”的豪情。人生能有几个四十年？李少白把他人生中最宝贵的40年用于拍摄故宫、传播故宫形象，这是难得的，也是幸运的！丛书主书《故宫新影：被镜头定格的历史风华》强调了“新”和“旧”的对比，设计巧妙，一下子让人不禁为故宫六百余年、故宫博物院一百年的厚重历史和四十年来李少白在故宫里留下的身影和脚印而感喟。

记忆和过去是“旧”的，但激动和未来是“新”的。作为历史的记录者和见证者的李少白先生以及众多的摄影家，他们和故宫一样，既在老去，更生命常青。历史最终会铭记他们——所有为故宫能时刻焕发“新影”而孜孜不倦的人们！

郑欣淼

故宫博物院原院长

目录

自序

什么是美，每个人心中都有自己的一个论断，对于摄影师而言，重要的职责就是用镜头记录自己心中的那份美。罗丹说：“不是缺少美，而是缺少发现美的眼睛。”我想，大师的本意恐怕是提醒世人不要忽视平凡，美往往与平凡如影随形。可是我觉得当人们仰视伟大的不平凡时，更需要警惕自己对美的盲目。

故宫的美是不言而喻的！它的雄伟，它的壮丽，它的金碧辉煌，它的气象万千，不知被多少普罗大众交口称赞，又不知被多少才人巨匠铁画银钩，当我每次走进这昔日的帝王之家，驻足凝视这宏伟的古建筑群时，脑海里不禁泛起前人对它的种种淋漓醉墨，静默欣赏后，不免总有些不满足的感叹，我心中的故宫似乎更有其美妙奇韵之处……面对着历经六百年兴衰荣辱的紫禁城，我常常扪心自问：故宫中什么最使我心痴神迷，竟能一而再再而三地畅游在故宫这浩瀚历史长河的遗迹里，徜徉在这高墙之下、深宫之内呢？我想了很久，却不知如何表达，于是只有用我的相机镜头去寻找答案。

1985 年上半年，我开始拍摄故宫。但是，到故宫摄影的人非常多，既有中国人，也有外国人，而且故宫里每天都有很多游客在拍照。他们抱着不同的兴趣或动机，从各种角度拍摄。他们中的一些人甚至已经拍了很多年，器材和工作条件都比我好多了。我是一个比较喜欢争强好胜的人，这样一个竞争性强的题材正中我意。我下决心，一定要在这里显露出我与众不同的视角和审美。

其实，当时我对故宫没有特别的认识和研究，也没有想到如何表现好故宫，只是凭借很大的热情开始了故宫摄影！当我的镜头从阴暗的宫墙一角对准那片蓝天里的一朵白云时，恐怕我无法躲开太监们那哀怨又充满渴望的目光；当我的镜头对着惨白的青石墙脚下盛开着的一丛黄色小花时，恐怕我拾到了一个至今还未醒转的宫女之梦；当我的镜头对着油漆剥落的宫门上那锈迹斑斑的沉重铁锁时，恐怕无意中揭开了尘封多年的又一条宫闱秘闻……我

的镜头在紫禁城里不断游移着，从俯瞰到仰视，从整体到局部，从不同的角落、不同的光线、不同的气候、不同的季节……寻找着最令我心醉神往的一切。久而久之，我发现我的镜头是这样固执，固执得像梦游者，竟渐渐地忘了故宫的真实；我的视角又是这样的狭窄，窄到犹如针锥，慢慢刺进了历史那沉淀的血脉……

没有用文字来描述，没有用语言来释怀，没有人声鼎沸的嘈杂，没有行色匆匆的过往，或许只有感叹，只有暗示，只有联想，只有诗，只有梦……只有从紫禁城的神秘中泄露出来我错综复杂的心语。

真正的美常常是含蓄而耐人寻味的，很少一目了然地直接呈现在人们面前。如果想发现紫禁城真正的美，如果想在摄影中进行美的探求，我就只有坚持华山一条路——通过镜头认真地探寻、智慧地寻找、痴迷地流连忘返……

少白说·拍摄故宫的不同诉求

拍摄故宫，每个人的诉求是不一样的：有人要拍摄照片留作纪念，有人要创造作品参加比赛，有人为了搜集研究资料，有人则是为了追求艺术………大家的立场不同，不能一概而论。我能做到的是：只遵循个人诉求，拍摄自己心中的那个故宫。

其实，大家看见的故宫没有什么大的差别，因为人的眼睛构造是一样的，所以看到的故宫也大抵相同。然而，要拍出不一样的故宫也很容易，只要你在拍摄时稍微换个角度、换个视点，或者采用不同的曝光，就会拍出和别人眼里不一样的故宫了。

然而，要拍出心中不一样的故宫却不是那么容易的，自己对故宫是什么样的印象，认为故宫最美的是什么，故宫在自己的心中是什么样的位置，都要深刻思索、形成判断。最关键的还是要有摄影的技术，能够把心中的故宫、心中的感悟形象化地展现出来，或具象，或抽象，或单幅，或组照，诠释出心中的理解，呈现出与其他人不同的影像作品。

感谢高科技的摄影器材，高度自动化的设备已经为大众提供了利器，不同的曝光、不同的构图、不同的取景镜头的运用，都能撷取到每个人心中的不同故宫影像。如果拍摄者善于等待，有效地利用不同的光线效果，同时，勤奋地一次次前往创作，就能拍出越来越多的贴近于自己想象和期待的故宫，把自己想看见的、认为最美的宫殿呈现出来。

故宫新影

被镜头定格的历史风华

少白说·拍故宫的几点感受

首先是拍建筑！说到底，故宫就是个大杂院，就在这么一块地方，到处都是建筑。据说得有上万间房。当然，还有很多附属的东西，例如廊亭和院子。所以，主要还是拍各种形式的建筑。

不管你抱着什么目的到故宫，都会看见城墙，都值得拍摄。故宫有四个门楼很重要：午门、神武门、东华门、西华门，游人主要走的是午门和神武门。

午门在历史上非常有名，是必须拍的！“推出午门斩首”，影视剧中常出现的这句话让人印象太强烈了，午门的影像也会让人们记忆深刻。

进入午门后，金水河和金水桥是必须拍的！

再一个就是太和门，踏入太和门才真正进了故宫！

故宫最主要建筑是三大殿：太和殿、中和殿、保和殿。三大殿是故宫中最重要的建筑，非常雄伟壮观，比较容易出效果。拍完三大殿后就是后三宫，接着就是到御花园拍摄。御花园是一个比较特殊的地方，是皇帝和后妃游玩的场所。对于我来说，主要就是沿着这个中轴线拍摄。如果还有时间，再去其他地方转悠转悠，还有很多好拍的地方。例如东六宫和西六宫，几百年来，那里的故事数不胜数，可看的、可拍的实在太多了。另外，故宫的角楼也是无数人追捧的拍摄对象。

其次是季节变化下的故宫。随着周天的变化和四季的轮回，可以看到昼夜的明暗交替，看到光线的奇妙变幻。

我们还可以领略到故宫中繁茂的树木、花草的魅力，感受到鸟儿的自由与散漫，这些也是在拍摄过程中要留意的，甚至，有些是我刻意要追求的。

故宫不仅是一个宫殿群，实际上它还是皇帝办公的地方，是整个国家命脉的操控点，也是皇帝饮食起居的地方。这里，遗留着人们生活、做事的痕迹。故宫里的历史，就是我们拍摄的底蕴，无穷无尽，我们的感悟也会随之无止无境！

总而言之，故宫建筑是故宫主题摄影里最重要的题材，一张张照片让故宫有了新的生命力，更彰显其厚重的历史感！

如今的故宫博物院，供游人参观，当游人和故宫组合在一起，既有新的人文气息，又有很多新的表现内容。

故宫里还有很多题材可供拍摄，有猫，有野鸭，还有故宫的局部细节。故宫摄影的手法也是多种多样的，有写实，有风光，更有用当代摄影的手法表现自己观念的，怎么拍都可以。艺术水平有高也有低，却没有对与错。

少白说 · 如何选择故宫拍摄点

从摄影的视角考虑，最好要找高视点！因为故宫的面积大，视点越高，才能涵盖越多的内容。这里说几个代表性的地方：

第一，景山上的万春亭。从此处向南望去，近万间房子的建筑群展现在眼前，你可以用广角、长焦镜头尽情地拍摄。

第二，从太和殿前面的三层台阶上，可以俯拍太和殿广场和周边的建筑。

第三，故宫开放的南侧和东侧城墙上有许多新的摄影制高点，为摄影人提供了极大的便利条件。

第四，从雨花阁的阁顶上拍摄西六宫和三大殿，角度奇特。但是，雨花阁暂时还没有对外开放。

第五，从西北角的建福宫楼上拍摄神武门和景山，也是一个很好的高位点。建福宫一般不对外开放，但有时故宫博物院会在建福宫举办一些特殊的会议和活动，还是有机会进入的。

根据我四十年的拍摄经验，故宫有几个特别出效果的拍摄点：一是太和门，从太和门上回看午门，可以拍到整个午门和金水桥、金水河。向右走到太和门角上，可以拍到太和殿和太和殿广场。二是太和殿，从正中拍摄，可以拍到金銮殿龙椅。三是午门，是必须去的地方，也是最重要的拍摄点之一。别看我拍了几十年了，但经常能在这里发现好的视点。在三大殿上面也有很多视点，例如承乾宫、乾清宫广场、丹陛台阶，可以拍出故宫的气势磅礴。

要获得高的拍摄视点最好是上城墙。例如从午门上去，往东走回头拍，还可以拍到整片宫殿；沿着东城墙往北走，可以拍摄午门、文华殿和太和殿；再到畅音阁附近，向下可以拍到一些建筑群。东华门的视点也非常好，故宫重要的拍摄点密布宫廷内外。

少白说·接片在故宫摄影中的作用

接片是非常重要的技术，我现在的好多照片都是接出来的。

拍摄故宫的全貌时，用大广角镜头虽然能够拍下来，但是比例常常是不合适的，因为画面的透视过强，近处的物体大、远处的物体小，建筑的比例就显得不合适了。这个时候，你可以不用大广角镜头，改用标准镜头拍摄。标准镜头的透视比例非常符合人的眼睛。拍完后，你用软件接一下就可以了。

我从景山上拍故宫时，就是采用接片的方法。从东边的角楼开始，向西边移动，使用标准镜头，一段一段地拍，大约拍摄六七张，就可以得到一张场面宏大的故宫全景图片。

太和殿是故宫院内重中之重的场景，你想要把太和殿拍好拍全，最好到太和门的正中位置，使用小一点的广角镜头，拍摄三张就能够将太和殿拍全了。如果使用标准镜头，拍摄五六张，也能够把太和殿的宏大场景尽收镜中。

在故宫室内拍摄，接片技术也是非常有用的。你要把室内拍得比较全，光用广角镜头会产生各种问题。敢于运用接片方法，一定会让你收益良多。

人们常问我怎样接片才能接得准，这方面的教材很多，可以参阅，我还没有特意研究。但我并没有感到十分复杂，就用手端着相机，根据感觉，一张接一张地移动拍摄，每张前后之间有1/4以上的重复，用电脑上的PS软件，把几张照片自动接在一起，基本上没有大毛病。

新故
影宫

被镜头定格的历史风华

少白说·怎么用对比的手法拍故宫

无论是摄影领域，还是在生活中，处处都有对比！所谓对比，就是存在差别，当差别悬殊的时候，就形成冲击力。

在摄影视觉艺术里，对比的手法被广泛运用。一个物体可能很一般，另一个物体也可能非常普通，但是它们的差别很大，一旦它们之间形成一定的对比关系后，常常就形成了一个感染力很大的画面。

在故宫摄影中，对比是非常实用的创作方法。对比内容通常有大与小、轻与重、高与矮、粗与细，还包括实与虚、亮与暗、冷与暖等，要有意识地利用好这些对比关系。

摄影者要善于发现，并把它们组合起来，我拿一些具体的例子来说明一下。

例一，太和殿是故宫中最大的建筑，建在三层台阶之上，为了显示太和殿的雄伟，我们就可以把柱子、丹陛和太和殿结合在一起，形成大与小的衬托效果。

例二，太和殿前面有很多缸，人们对这些缸的体积有一些常识性的判断，如果把缸和太和殿都放在画面中，并且保持一定的距离去拍摄缸，就会感觉到太和殿的宏伟。

例三，故宫中有很多柱子，下雪时，可以用长焦镜头把雪花和宫殿的柱子结合在一起，因为雪花很小，飘飘荡荡，就能够显出柱子的高大。

故宫新影

被镜头定格的历史风华

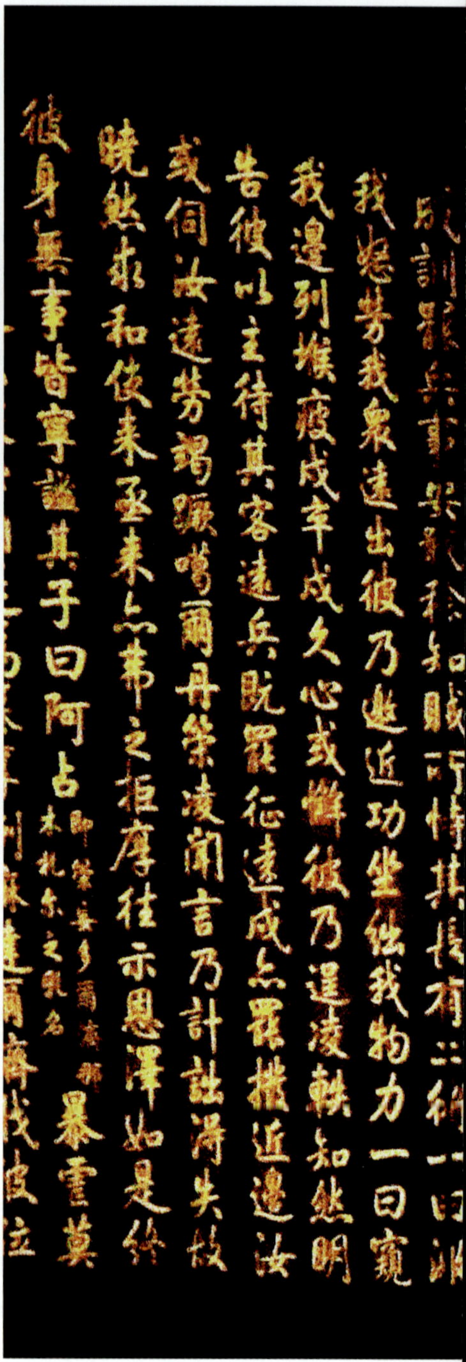

西師詩
西師歷四載王臣久于役誰無室家心而能忘契闊
然緣趁機動操刀乃必割終以阻遠艱舉碁忌屢易
欲罷又未能永言誌顛末
皇祖征朔漠即此厄魯特三番整六師狼群始窘迫
策妄退守巢于以延喘息取藏索賊子惟命無敢違
厥後漸滋饒遂復
初西域
終康熙年間蓋未止兵革
皇考閔
前歲思一勞永逸兩路命大舉帑藏非所惜究因時

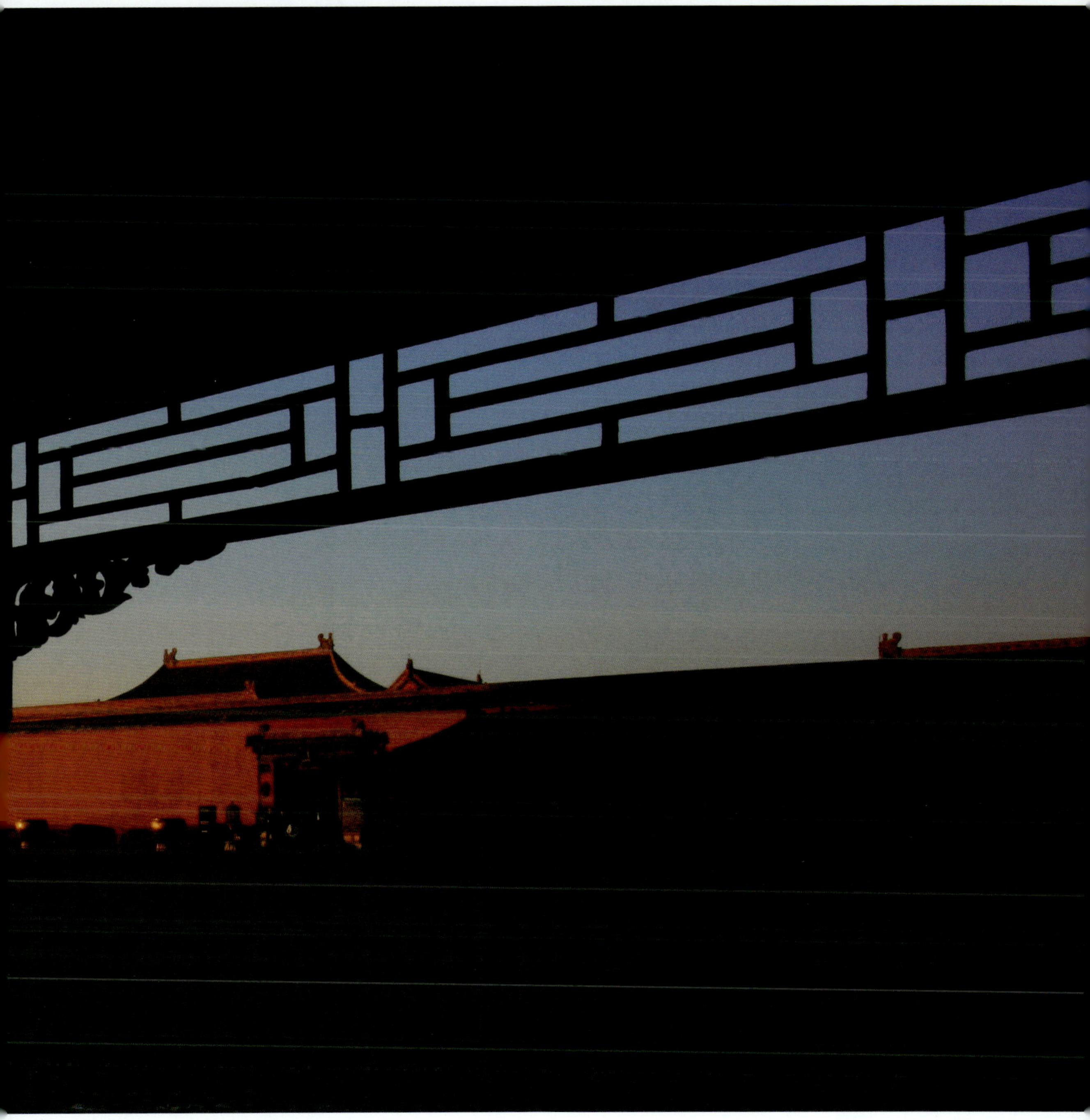

少白说·如何巧妙运用好光线拍故宫

艺术表现的一个重要问题是形式问题，不管是视觉艺术还是听觉艺术，首先面对的就是形式。在视觉艺术方面，无非就是点、线、面，明暗、虚实、对比、呼应，等等。这是艺术表现的基本元素，我们一定要掌握，并巧用它的规律。

在摄影中，直接用到的就是光影，它首先是虚实，其次是明暗。影是虚的，光本身也是虚的，但它们又实实在在地存在，明暗度也在其中，它们之间的关系也很微妙。例如，故宫建筑里的一个屋檐，它的影子落在后面的墙上。光照在屋檐上，有了亮度，但是这个亮度本身是没有形状的，其实也是虚的。这时候就给了你机会，它有虚也有实、有明也有亮，就看你怎么把它组合好。光影其实就是你怎样利用它的虚和实、明和暗，组合出符合自己审美观的画面。

中国申报2008年奥运会成功以后，在故宫举办了一场世界三大男高音演唱会，演出画册上用了我的很多照片，其中一张照片是我在故宫西六宫拍的，就是一个人行走的夹道，我用仰拍的方式表现。这个夹道黢黑幽深，狭长的夹道上出现亮亮的一线天。斜阳照射，映亮一道深红色的宫墙，别有韵味。帕瓦罗蒂先生看到后非常喜欢，说这张照片让他想起来颤抖的指挥棒。

这张照片就是一张很明显的光和影组合照片，它非常简单，无非就是一个夹道内的光线。但是，这样一个意外的光影成像，让一个世界级的歌唱家产生了心灵的共鸣。听组委会领导说，帕瓦罗蒂为此兴奋不已，自掏腰包，买了几百本演出画册带回去。当年演出画册500元一本，这可是不少的一笔金额呀。

故宫新影

被镜头定格的历史风华

少白说·如何拍好早与晚的故宫

故宫跟别的风景区不一样，它是国家重点文物保护单位，管制非常严格。早晨八点半，故宫才开门入园。所以，虽然早晨的光线特别好，但是想在故宫里拍到拂晓的第一缕阳光，几乎是不可能的。由于工作原因，我仅有几次机会拍摄到，十分难得。

冬季，太阳升起得较晚，入园后，可以先到故宫东北角楼的位置，当阳光把角楼照亮时，就可以拍到角楼华丽的琉璃瓦颜色，金光灿灿的。此刻，如果天空出现红色的朝霞，就更幸运了。

下午的光线比较倾斜，可以拍出很多别致的画面。冬天，四点左右就开始落日了，要事先找好拍摄的位置，才能拍到满意的作品。例如，提前站在太和殿的台阶上，回身拍摄夕阳中的丹陛和建筑；也可以倚在太和门上，拍摄夕阳下的太和殿和广场；还可以从太和门出去，拍摄午门和金水桥。

另外，夕阳下的御花园是一个非常好的拍摄场所，虽然御花园的空间较小，但是夕阳的余晖洒落，可以拍摄到太多漂亮而独特的景色。

拍摄好故宫可不是一次两次的事情。大多数人选择的次序是，上午从南面进入故宫，一路向北走，下午四点半出来，爬到景山上拍摄。也可以下午从故宫北面向南走，四点左右到太和殿和太和广场附近，都可能拍摄到灿烂秀美的霞光。

早与晚是拍摄故宫最好、最珍贵的时刻，但要想抓住它，难度是比较大的。首先要选好相应的景物，其次要控制好曝光，还要把光影、色彩最好地表现出来，这些都需要掌握较高的摄影技术。

虽然人们没机会进入故宫中拍摄第一缕阳光，但巧妙利用故宫的周边建筑，也能达到较好的旭日初升时的拍摄效果。例如景山、北京饭店的贵宾楼、北海的白塔……只要自己有足够的决心，就可以找到很多制高点拍摄故宫。另外，还有一些意想不到的拍摄点，在此提供给大家，在北京的香山、八大处、中国尊大厦等地方，也可以用超长焦镜头拍摄到故宫奇特的早与晚的美景。

少白说·如何拍摄故宫内剪影的组合

摄影和绘画的区别是什么？绘画是加法，摄影是减法。减法只是一个抽象的说法，怎么去减呢？剪影就是一种典型的容易操作的减法，它要去掉多余的东西，突出摄影主体。

所谓剪影，就是被拍摄物处于逆光的时候，我们按照背景的亮度曝光，被拍摄物主体严重曝光不足，不管色彩还是纹路都消失掉，仅从亮的背景中显现出一些基本的形状。在故宫摄影中，剪影是一种相对比较容易的创作手法，利用物体的曝光不足影像，形成像剪纸一样的形状。例如进入故宫御花园后，往左拐或往右拐都会看到宫墙上的屋脊兽，如果有合适的角度把屋脊兽与周围的建筑局部结合在一起，拍成剪影，画面就会非常有趣。

拍剪影，首先要能看出主体是什么。故宫中有很多房屋，房屋的轮廓鲜明，很容易找到形状感强烈的局部，尤其是宫殿屋顶上的屋脊兽，非常适合拍成剪影的效果。另外，树、柱子、雕塑都可以很容易地拍出剪影。

但是，高水平的剪影创作还是比较难的，关键在于剪影和剪影的组合。仅有一个剪影比较容易做到，如果要把几个宫殿的剪影组合在一起，这就要耐心地找角度，要有丰富的想象力。我曾经在太和殿广场上拍过一张作品，就是采用剪影组合的方法，用一个铁缸来衬托太和殿的宏大威势。当时，太和殿广场上空荡荡的，除了有游人以外，什么都没有，那么，我怎么才能把太和殿广场拍得有特色，把太和殿的体积感衬托出来呢？反复搜寻，我发现太和殿广场侧面有个铁缸，我就跑到它的后面，在逆光的条件下移动广角镜头，低角度向上仰拍，把缸拍摄成一个巨大的剪影，和太和殿的剪影形成巧妙的搭配。因此，有的剪影场景是需要摄影师创造条件才能拍摄好的。

在大多数情况下，剪影基本上都能够拍出来，只要反差和光的比例合适，只要物体的造型适当，就可以通过造型的组合，通过曝光的控制，把不想要的地方掩盖掉，将主要的地方显露出来。总而言之，剪影是一种行之有效的常用的摄影技术，关键看摄影者有没有敏感的组合能力。

另外，剪影摄影中还有一种半剪影的形式，属于更高难度的拍摄技术。摄影者根据摄影题材的需要，将剪影物体仍然能够保留住一定的层次和细节，使画面看上去更加丰富生动。当然，这对于用光技术的把控能力就要求更高了，做好、做到位是不容易的。

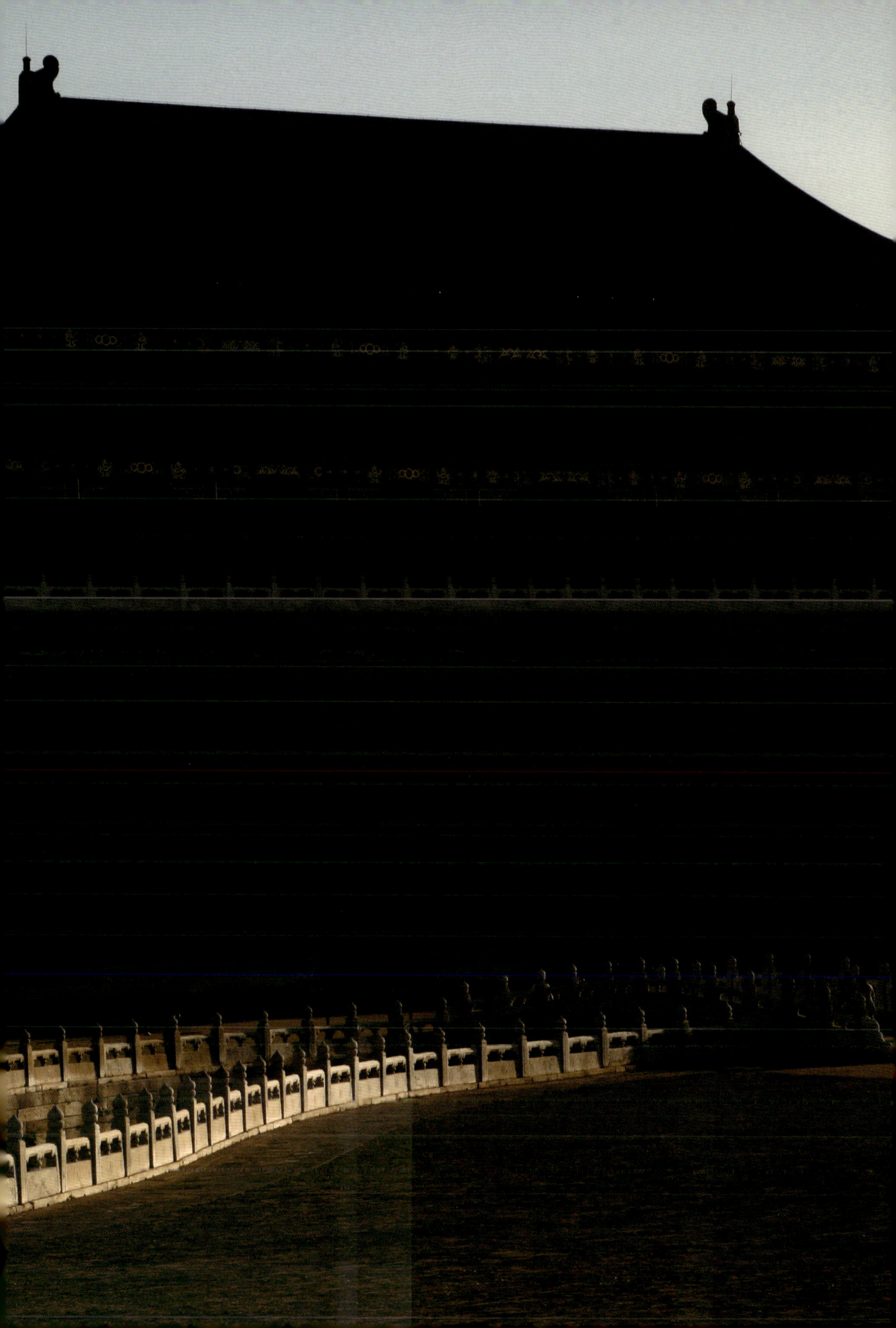

少白说·如何捕捉故宫内美妙的影子

能够捕捉到影子，就要把光线用好。有光的地方，就必然会有影子。我的比较有名气的故宫摄影作品中常出现影子。在拍摄故宫时，影子是非常重要的，这些影子就如同一台精彩的戏，没有经过提前的计划与导演，完全属于即兴发挥，是故宫“请来”的难得的“演员”。

故宫的影子分为几种：

一是投影，即光线被物体的形状遮挡而成的影子，不同的形状会产生不同的投影。故宫有近一万间房屋，这些房屋在不同的阳光照射下会产生不同的影子。室内也有很多影子，比如乾清宫里边有照明灯，照明灯可以产生局部的影子，让画面影像变得更加复杂、丰富。故宫城墙边，栽的都是柳树，在20世纪80年代某个初冬，我路过午门西侧的宫墙时发现柳树的影子正好洒在城墙上，我抬手就是一张，把城墙上的影子和建筑一起收入镜中，形成丰富而有趣的画面。

二是镜影，即在反光的镜子里面产生的影子。镜影在故宫中是非常值得注意的，凡是故宫中有玻璃的地方，都会产生镜影，玻璃就像镜子一样，会把故宫里的景色和人物，还有花鸟都反射进来。

三是倒影，例如雨后故宫的广场上，常会出现宫殿的倒影，故宫内的池水也会产生美丽的倒影，如果你善于发现，可以拍出很多有趣的画面。有水的地方就会有倒影，故宫里面的水就是金水河、护城河，还有水池子。

金水河和天安门前面的河相连，它从午门流进故宫，顺着渠道环绕故宫，然后和神武门外的护城河相连。金水河旁边的栏杆、桥，还有一些宫殿，都会被映入河中，形成倒影，这就为大家提供了很好的摄影素材。对午门后面的金水河，可以从侧面的角度拍摄河中的倒影，也可以和天空中云彩的倒影结合在一起，拍摄局部场景，得到魔幻般的画面效果，好像宫殿和天上的云连在一起似的。

故宫里面有两个池子，万春亭前面和千秋亭前面各有一个。池旁的亭子和栏杆，都会在池中产生倒影，使画面产生丰富的变化。

故宫周边围绕着护城河，在河边也可以拍摄到宫墙的倒影。故宫角楼的水中倒影，是广大摄影爱好者比较熟悉的。要拍摄角楼，就要充分地利用好倒影。而且，还必须具备一定的经验和常识，例如，什么情况下会有倒影，什么位置拍摄倒影比较合适！

很多人都喜欢拍摄晴天里的晚霞、火烧云等，却很容易忽略阴雨天倒影的魅力。下大雨时，故宫地面上会有大量积水，能够产生很好的倒影景象，可以拍摄到太多的好照片。雨天拍故宫，还有一个最大的好处：没人干扰。你慢慢走、慢慢拍，就能通过倒影的表现，拍摄出很多新鲜感强烈的画面。

拍摄影子，要善于观察，不同季节、不同时辰、不同光线下的影子都是不同的，或长或短，或大或小。相机曝光不同，拍摄出的影子也是不一样的，或深或浅。

故宫的影子千千万万，进故宫就得做好这种思想准备，我来故宫就是为了捕捉影子的。只要把自己的想象力和眼界打开，在故宫中认真想、认真看，就能搜寻到很多美妙的影子。

少白说·如何利用好局部光与反光拍摄故宫

如果你想把故宫拍摄得很神秘，把故宫拍摄得具有陌生感，有时候就要借助于局部光。

所谓局部光，就是有方向的光线，照在某一个局部，光线不是把所有的地方都照亮。

在故宫摄影中，善于发现，善于运用局部光特别重要。因为故宫里面的房屋特别多，房屋之间是有缝隙的，在某个时刻，光照过来，就会形成局部光的效果。

光线移动的时候，照在某个宫殿的局部，照在院子里某个区域，就会让眼前的景象显得不同寻常。我们移动位置，可以框取出不同光影构成的画面。

我们还可以发现，天上的云彩也常常可以帮很大的忙，尤其是夏天的云，光线从云中射下来，照亮宫殿里的某个局部，例如太和殿，此时，周围的广场处于较暗的状况，大殿就显得分外醒目。

有的时候，光照在桥上，只有汉白玉栏杆是亮的，其他地方都是暗的，这是一个非常好的机会，要把它抓住。我有一张金水桥的照片，正是如此。冬天的太阳斜照过来，形成局部光，在黑暗的广场和宫墙包围中亭亭玉立，漂亮极了。摄影者要有经验，知道大概什么时间、什么地点常出现美丽的局部光，例如拍摄5座金水桥的局部光效果，就是在冬至前后，下午四点半左右最容易出现这种效果。

在宫殿的内部，光线射进来，照在某个器具的局部，照在陈设之间，立刻就会倍增华贵奢侈的感觉。

在御花园里，我们常常看到树和树叶也能挡住光线，形成一束或几束射光使画面产生意想不到的变幻。我们在拍摄故宫时，一定要有意识地寻找局部光效果。

拍摄这样的画面时，对曝光技术的要求比较高，从理论上来说，哪个地方亮就按哪个地方测光曝光，千万不要采取平均曝光，否则整个画面就会曝光过度，细节和质感就会损失。当然，这也不是绝对的，如果有些局部光很亮，也可以曝光过度一点，不要顾忌那个地方的质感和细节，我们是为了表现整个画面的感觉，确保画面显得亮一些。

总之，拍出画面的陌生感，局部光能起非常大的作用！

另外，反光是一种非常奇妙而特殊的光线，它不是直接光源，是光源的光按照不同角度反射到了镜头中的。

有时反光是有害的，进到镜头以后影响正常阳光下的拍摄；但反光有时是很好的，例如在拍摄故宫时出现的反光。故宫的门都非常大，门上的油漆具有一定的光亮度，加上适当的角度、适当的光线就会形成反光。傍晚拍摄时，和夕阳保持一个角度就可以看见反光，不仅令画面产生氛围，反光本身也形成了非常亮的影像，使构图加入了新的元素。

故宫的最大特点是什么？其实可以用金碧辉煌来形容，但是70%的摄影者都会说故宫一点都不灿烂，甚至说一点都不华丽，就是没有利用好反光技术。

太和殿最金碧辉煌的时候是冬天。冬至前后，光线比较好时，可以到体仁阁的台阶上看太和殿，这时太和殿就是金光灿烂的。因为太和殿上边的门窗是有油漆的，和夕阳的角度形成了一个夹角，就是充分利用了反光。

另外，有的宫殿比较漂亮的那面是朝东的，到了傍晚时，背面没有光，但它背面如果有宫殿，而且正好有光线打在宫殿窗户上，形成反光照过来，这时候再拍面朝东的宫殿，就非常奇妙了，既有逆光的效果，又有顺光的效果。

故宫的墙、门、窗、玻璃以及石头都是可以反光的，石头的反光虽然没有玻璃反光那么强烈，但是只要曝光合适，仍然可以显示出光。此外，只要是油漆涂过的柱子也会有反光。如果站在比较高的位置拍摄，琉璃瓦也是一个非常好的反光体。琉璃瓦的反光度是非常高的，而故宫里大部分的建筑都是采用琉璃瓦做的，只要有合适角度就可以拍到反光，一排一排的，耀眼迷人。

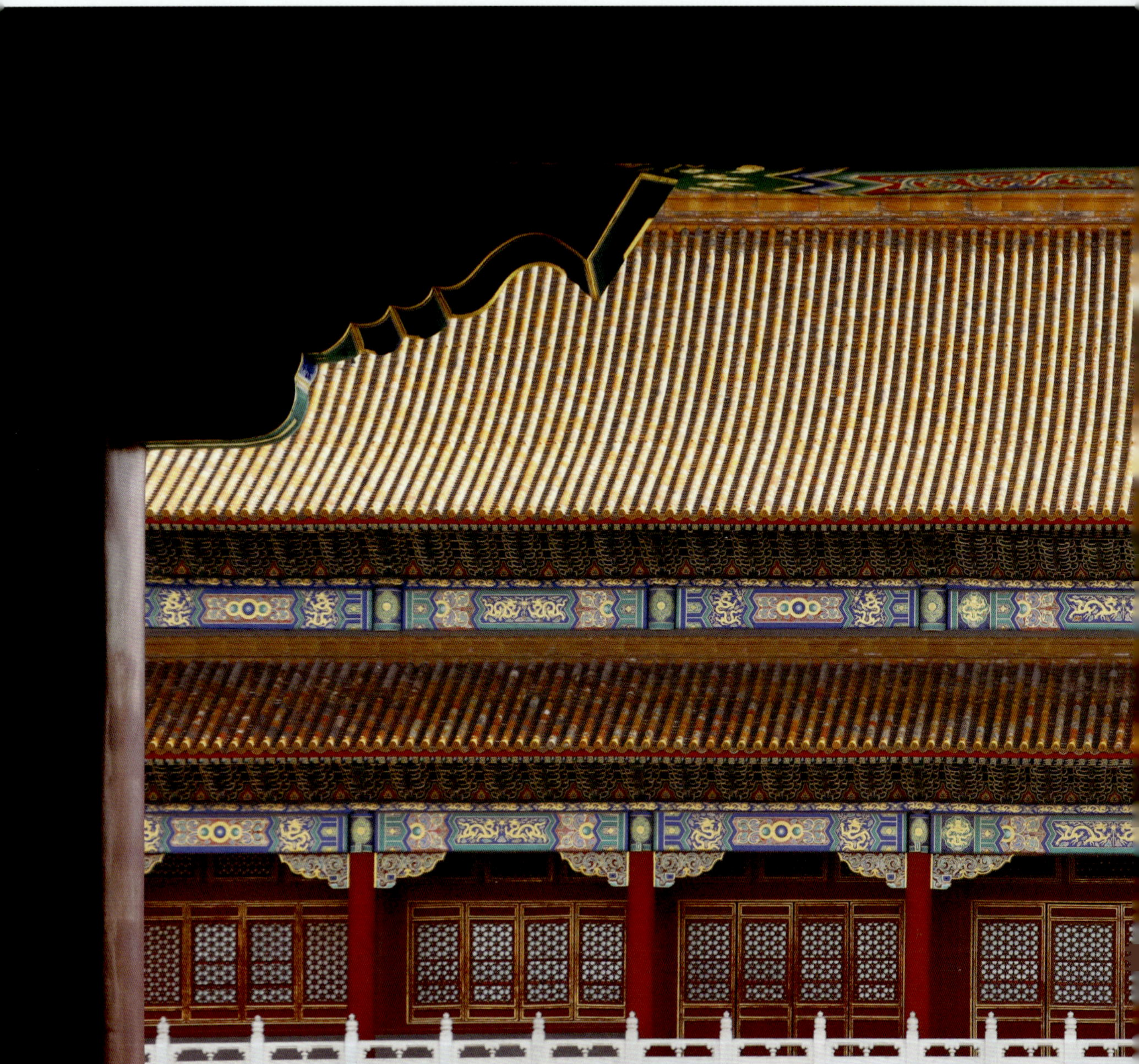

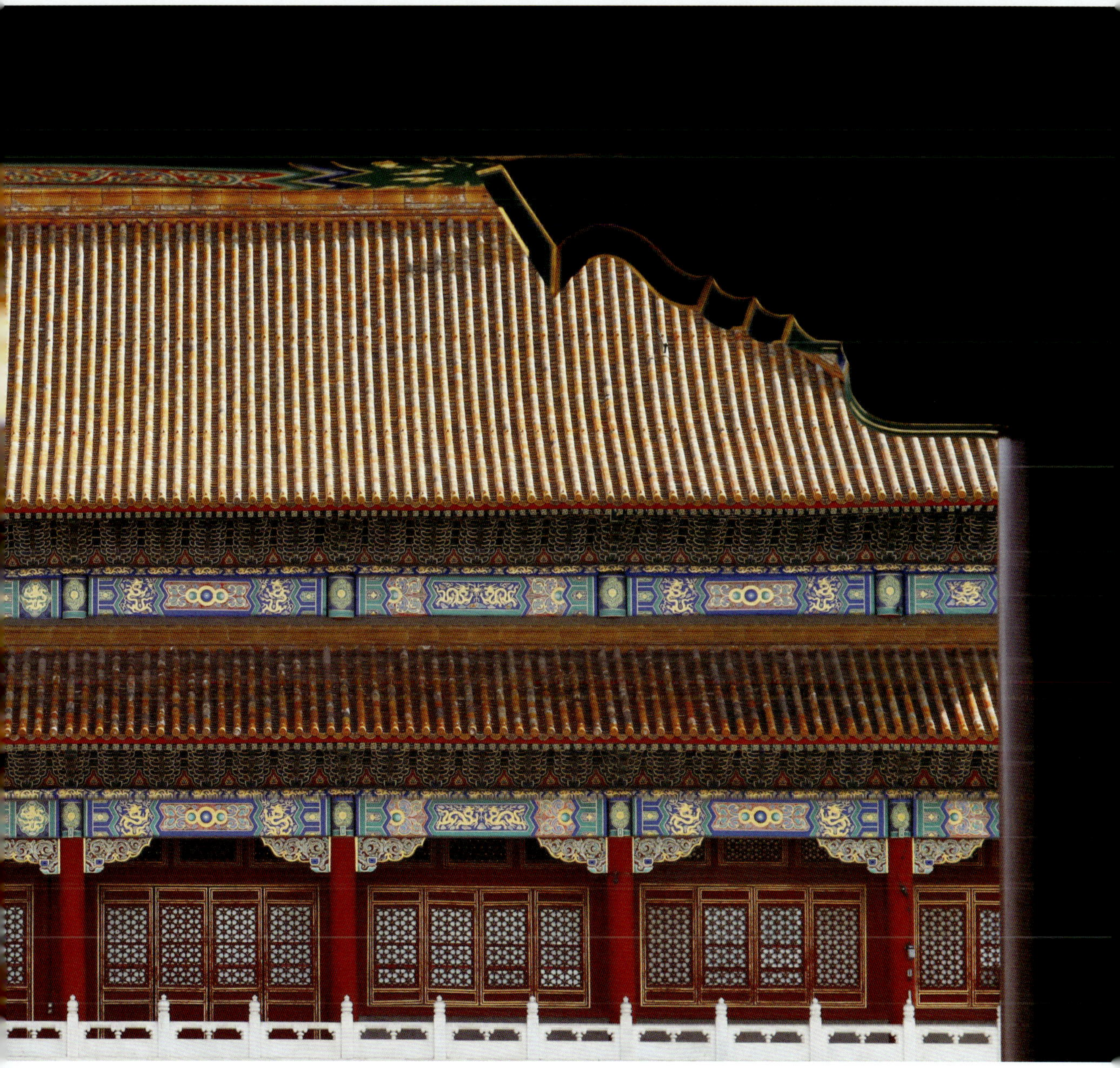

少白说·怎样表现故宫残缺的美

故宫是由人工修造而成的历史文化遗产，建成之后面临着大自然的巨大考验。四季轮回，雨打风吹，不管是砖瓦、墙体，还是地面，均受到了不同程度的破坏。

故宫建成至今已有600多年的历史，即便是我们看到的很柔弱的雨水，长时间也将故宫的砖墙冲洗出了岁月的痕迹。故宫中的一些植物也有毁损作用，墙头、墙缝以及屋顶上的花草，都会对建筑结构造成一定的破坏，对文物保护十分不利。虽然完美的建筑会很令人遗憾地成为残缺，但是从审美角度上来说，岁月洗礼造成的残缺可能给你带来意想不到的美感。因为视觉残留，让时间消逝的痕迹在这些纹丝不动的建筑上留了下来，可以引发观察者强烈的想象。

我拍摄过一张照片，1992年在我第一次举办“神秘的紫禁城”个人影展时，时任故宫博物院副院长的单士元先生，就站在这张照片面前十几分钟没有离开。他是最知名的一个故宫专家，非常有学问，偏偏被这张照片吸引住了，他后来给我出版的《走近故宫》一书写序的时候还提到这件事。照片拍的是一把锈迹斑斑的旧锁，锁上面有“皇后”两个字。这把锁不仅残缺、生锈，而且有些地方也磨损了，正是因为独特的时间留痕，才引起了单院长的注意。

世界上最著名的残缺的美代表作，是希腊的维纳斯雕像。维纳斯的胳膊被人为破坏而折，但希腊人很聪明，并没有修复它，就让残缺存在。世界公认最漂亮的女子，还是断臂的维纳斯。我拍的很多故宫中的照片，都是破碎的墙或者柱子，这些都能给人们带来另一种美感。

所以在拍故宫的时候，碰上那些残缺的景物，千万不要错过，可以找寻适当的光线、角度，拍出它残缺的美。

少白说·故宫是一个适合四季拍摄的绝佳对象

春天最主要的元素是花草树木，在故宫里，它们比那些宠妃还要漂亮。

承乾宫里的梨花、钟粹宫里的玉兰花、慈宁花园里的牡丹花都比较有名。二月兰更是盛开在故宫里，一片一片的，漂亮极了。御花园里，从三月份开始，各种各样的花竞相开放。故宫里的柳树非常特别，又种在宫墙旁边，很多柳枝刚刚发芽，显得很有生机，富含诗意。

夏天的故宫，光线从顶部直射下来，特别强烈。尤其是光比大造成的大面积黑色背景，让我情有独钟。

从色彩上来说，夏天比较单调的颜色主要是绿色，但是，在故宫里为了皇帝的安全起见，三大殿附近是不种树的，绿色多集中在御花园里。

秋天，故宫的特点以黄色为主，黄色中还夹杂着一些红色。故宫里种有很多银杏树，入秋后，金黄色的叶子美不胜收。在故宫冰窖的旁边，有一大片银杏树，斜阳射过，泛出一片金灿灿的光芒。柳树也是故宫秋色的一个主要表现题材，故宫里、午门外都种了很多柳树，金色的枝条随风摇曳，让人看后十分惬意。英华殿里有两棵非常特殊的菩提树，中国菩提树很少，但是，在故宫里恰恰就有两棵，十分稀罕，也非常漂亮。

相对春天来讲，故宫的秋季可拍的东西要少一些。对于摄影者，故宫最好的拍摄季节不是春天和夏天，也不是秋天，而是冬天！为什么呢？原因如下：

第一，故宫是中国典型的建筑，最大特点是坐北朝南。故宫中近万间房屋都是严格地按照这种坐北朝南建造的。冬季，太阳从南边斜射过来，在建筑的正面洒下漂亮的影子，无论是角度，还是明暗层次，都显得十分舒服。

第二，冬天的光位较低，可以从门窗钻进许多宫殿房屋的内部，给摄影者提供了一些好的拍摄机会。

第三，冬天树上的叶子基本上落光，可以拍到之前被树叶遮挡的房屋了。

第四，在冬天里，可以用最美丽的雪景来衬托出故宫。现在，只要北京一下雪，很多人都冲到故宫里拍摄。

第五，冬天天黑得早，下午四点多钟，正是落日的时候，可以拍到红彤彤的太阳和晚霞。

第六，故宫里的乌鸦是一大特色，下午三点多乌鸦们就开始归巢，在故宫的房顶上掠过，尤其是雨花阁等地，是乌鸦栖息场所，乌鸦会成片地飞过来飞过去，十分壮观。

第七，冬季的落日照到建筑上，投下斜长的影子，光比柔和舒服，给摄影者提供了非常好的创作机会。

少白说·怎样拍摄故宫的雪

想要拍摄故宫的雪景，首先可以登上景山的万春亭。放眼向故宫望去，大雪白茫茫一片，宛若仙宫。故宫的屋顶上积满了亮莹莹的雪花，非常漂亮。尤其是清晨，如果能拍到景山万春亭的日出，那也是绝妙的。当太阳升起，故宫一片片的白色屋顶染上了太阳的金色，再配以宫墙的红色，如诗如画。

从景山下来以后，要赶快进故宫拍摄，进故宫后，最好迅速爬上故宫的城墙，寻找好的摄影制高点。

沿着城墙走，可以拍摄到积满白雪的屋顶。随后，就可以到御花园。御花园里的树木很多，树梢树枝上都压满了雪，好似玉树琼枝。雪化成冰时，树枝上就像长了白胡子一样，这样的景色只有在冬天才能拍到。

拍摄者还可以去东六宫和西六宫转转，拍拍雪后的故宫小景。

如果想拍摄三大殿，就需要早早到故宫前排队。午门一开，径直往里走，在太和门的台阶上，可以拍摄到太和殿白雪皑皑的漂亮景象。如果恰好遇到大风，故宫里刮起雪雾，这奇妙的画面就更神奇了，眼前如同仙宫一样迷人。因此，当风乍起，也是千万不可错过的拍摄良机。

还有一些细节，也是非常有趣的。例如，故宫中有很多铜狮、铜鹿、铜麒麟、石狮子，雪花给它们披上了白色“襟袍”，非常庄严，这是非常罕见的。

故宫的初雪一般发生在深秋时节，大概在十月至十一月。冬末春初的二月末三月初，也有可能下大雪。由于气温的原因，这时候既能拍摄到雪，也能拍摄到冰，如果我们对这些自然现象留意观察，不愁拍不到上等的摄影佳作。

少白说·使用三脚架的技巧

只有在特殊的情况下我才使用三脚架。例如，在夜间拍摄，脚架是非用不可的。为什么呢？因为光线太弱，提高相机的感光度也没有办法快速拍摄。如果使用三脚架，你就用不着提高感光度，用慢速度也能准确曝光，拍出画质优异的照片。

为什么我不太喜欢使用三脚架呢？因为，我比较强调摄影的偶然性，手握相机，快速抓取画面，如果架在三脚架上，灵动性就大大削弱了。

我觉得，摄影爱好者慢慢拍，用三脚架最好，但是也不能什么情况下都用。在白天，扛个三脚架，实在是太碍事了。

白天光线足够强，相机的感光度不用太高就能保证端稳。平时，我们要多练习手持相机的技术，即使不用三脚架，也能拍摄清楚。我的相机高感非常好，使用3200和6400的感光度拍摄，画质也不错。

如果养成三脚架依赖症就坏事了，速度一慢就抓瞎，怎么能拍出好照片呢？2019年故宫元宵节上元灯会，灯光秀第一次把故宫打亮了，好多人在网上抢到票，都想拍点好照片。但是，这个时候怎么能用得上三脚架呢？因为人实在是太拥挤，管理人员根本就不会让人们用，因为三脚架会妨碍别人。这个时候，我就占便宜了。因为平时不太用三脚架，灵活处理的经验丰富，我巧用各种支撑物，使用恰当的感光度，硬是手持相机拍到不少心仪的作品。

当然，在故宫摄影中，如果要长期拍摄，三脚架还是非常重要的。最好备一个。作用主要有三个：

第一，如果拍摄者要把人拍没了，可以使用慢门摄影，曝光10分钟、20分钟，那么，一个优质的三脚架是必须要有的。

第二，拍摄高品质的接片，还是用得着三脚架的。一张张地精细拍摄，可以为后期处理提供非常好的素材。

第三，使用超长焦镜头拍摄的时候，确保稳定性，拍出清晰的照片。例如，使用600mm超长焦镜头，把远处的北海白塔与故宫中的楼阁拍在一起，需要很大的景深，才能使两者都清晰，只有使用极小的光圈，才能确保清晰范围合适。这个时候，快门速度就比较慢了，必须要使用坚固的三脚架，才能胜任。因此，人们对三脚架的认识和运用，一定要灵活，不要过于机械。

少白说·如何运用慢门技术拍摄故宫

慢门拍摄的目的主要就是让画面产生动感。

我觉得慢门摄影技术主要有三个作用，一是对付弱光；二是把不需要的东西从眼前模糊掉；三是表现出景物的动感。

在弱光下，使用三脚架或其他支撑物，可以克服光线太弱的问题，让被拍摄物体充分曝光，使画面拍得清楚。如果采用几秒、几十秒的慢门拍摄，可以把眼前活动的人拍没了。如果慢门速度适当，可以把运动物体拍虚，颇具动感。我觉得慢门技术主要是把画面拍出动感来。

下雨时或下雪时，如果快门速度不当，看不出来动感，就需要采用适当的快门速度来曝光，那么，雪花就不是一粒一粒的，而是拉成细丝。春天花开了，在有风的情况下，可以用慢门，镜头中树枝和花朵摇曳，令人心旷神怡的动感之美呼之欲出。

慢门拍摄不是越慢越好，摄影者需要充足的实践经验。

如果快门速度过慢，花和树枝模糊成一片，效果不好。

如果快门速度过快，动感又没有，无法形成动态。

例如，我拍摄花和树的时候，刚好有风，但并不是特别猛烈。我使用1/15秒、1/8秒、1/4秒的快门速度分别拍了几张。对比出来的结果，最后还是用1/15秒或者1/8秒比较适当。

“慢速”多少，主要还是取决于风速。在大多数情况下，下雪时微风习习，雪花静静地飘落，使用1/15 秒或者1/8 秒就可以了。然而，如果遇到狂风，你就不能用过慢速度了，最好是用快一点的速度。有一天，风雪交加，我恰好在故宫。我运用慢门拍摄的常识，用1/15 秒、1/8 秒、1/4秒、1/2秒分别拍了很多照片，结果回家后一看傻眼了：图片中没有一张呈现雪花飘动的感觉，实在是太惨痛的教训。下一次拍摄时，我改用的是1/120 秒、1/200 秒拍摄，发现 1/200 秒拍出来的效果最出色，雪不仅拉出了线条，画面中还有浓烈的暴雪的感觉。有时候，动感并不是一定要把落雪拉出线来，可以用较快的速度，把雪凝固住雪粒子，也是动感十足的。所以，快门速度的选择一定要因时而定、因地制宜。摄影者不仅要懂慢门技术的基本原则，更要凭经验判断，把“慢”掌控得恰到好处，才能出手就有，把感觉拍摄出来。

凝祥門

少白说·阴天怎么拍摄故宫

摄影中，光线的一个重要作用就是方向性。但是，在阴天，有云遮挡住太阳，我们在拍摄的时候看到的光线基本没有什么方向，因为阴天的散射光会使画面缺少光影、缺乏层次和反差，比较平淡，从而缺少了一个造型手段。这就是很多人都不太喜欢阴天拍摄的原因。

然而，世界上没有绝对的好，也没有绝对的差。在风光摄影中，阴天的散射光可能恰恰是一种好光线，就看我们怎样巧妙地运用，想拍什么，或者想拍成什么样的画面。

具体来说，有一次我拍故宫时，临时得到一个非常好的太和殿拍摄机会，那天就是个大阴天，灰蒙蒙的，但恰恰衬托出故宫的沉闷压抑的气氛，如同封建帝国衰败的味道。试想，如果是晴天碧日、艳阳高照，能拍出这种韵味吗?

另外，阴天的光线是散射光，能够更好地表现色彩。例如，在阴天里拍摄树叶，尤其有淅淅沥沥小雨的时候，拍出来的树叶色彩更加饱和。

在阴天里，同样非常适合表现物体的细节。故宫中很多物体细节丰富，但是如果有光线照射的话就会有影子，就会干扰物体本身的色彩。恰恰在阴天的时候散射光很匀，可以让曝光非常均匀，使各部分的细节充分地展示出来。

一幅好作品，不仅是表现形状的组合，还应该有情调，有一些特有的情调。比如一幅美人图，笑，固然特别灿烂，而愁的时候、皱眉头的时候，就另有一种味道。同理，夕阳照在故宫盛开的二月兰上，光线漂亮，暖意融融，然而，我们也可以在阴天拍出一番凄凉的感觉。

阴天也有很多种，比如像霾类、雨雪等，这些辅助的内容，可以产生很多情调。在阴天，拍摄故宫的宫墙，只要把握好，色彩将非常好。如果再下点小雨，有点小水珠点缀，就会更有感觉。

最后，说一下在阴天里用黑白的调子去表现故宫的技法。我个人认为，不管是黑白还是彩色，不管是阴天还是晴天，都有其独特的表现力。我认为色彩主要是色彩，黑白主要是色调。不一样的色彩是会说话的。每一种颜色都有自己的语言，让色彩自己说话很重要。而黑白就是用黑白灰的色调来表现，它对技术的要求比较高。

少白说 · 如何把故宫景物与云彩结合好

故宫是一个庞大的建筑群，不管你从什么角度来看，它们都可能是和天空结合在一起的。

天上的云，具有良好的装饰作用。云本身形状各异，色调也变幻莫测，既有亮，也有暗。因而，云或天可以成为宫殿的背景，也可以和建筑融为一体，成为有效的视觉元素，具有渲染氛围的作用。所以，在故宫摄影中，云彩起着很重要的作用。

例如，我拍摄的西雁翅楼照片，满天的红云雄伟壮观，成为画面的视觉中心，蔚为壮观。如果只是蓝天，万里无云，或者遇到阴天，天空苍白一片，这张照片就意义不大了。

如果遇到好的云彩，那么，选择好的故宫题材也是同样重要的，他们之间的契合度越高，作品的感染力越强。

我有一张在长春宫拍摄的鹿角照片，上面有红红的太阳，就是一个好的例子。那天，恰好故宫上空有乌云，使整个现场具有一种非常诡异的氛围，正由于此，我四处寻找合适的前景，发现一头铜鹿，物景结合，别有味道。于是，我降低视角，让鹿角上移，让它和乌云、红日结合到一起，具有一种浑然天成的神韵。

象形的云是非常有趣味的，也能激发人们的想象力。我偶然见过一次白云像凤凰一样，飘荡在天空，这种祥瑞之云和宫殿结合起来，更有特殊的意义。现在，北京上空一旦有了好的云彩，人们都会蜂拥而出、四处抢拍，可见云在大家心中的地位。

在中国的风光摄影里，云也是非常重要的，是画面重要的组成部分。这一点和西方摄影师的表现方法有些不一样。西方人拍摄建筑，多喜欢拍得干干净净，可为一些商业用途提供良好的素材。而中国摄影师特别喜欢用云来烘托画面的整体气氛。

我还要补充一点，云彩也是我们要注意的影像语言要素，常与其他物体形成独特的构成。我曾在太和殿前拍摄嘉量，它是一个白色的亭子，体积并不大，但它是中国古代的度量衡，内涵就不一样了。拍摄之际，天空恰好有一朵云，我就有意识地移动了拍摄视点，让它正好罩在嘉量的顶上，从而形成白色的屋顶和云彩遥相呼应画面。试想，如果当时没有这朵云，行吗？

少白说·拍摄极美故宫也是一种讲究细节的艺术

经过几百年风雨冲刷后，故宫处处是岁月留下的沧桑痕迹。我们可以看到墙壁的裂缝、瓦砾的残缺、从台阶石缝里长出的草和花，还有宫墙上面的污迹……细细观察品味，耐心拍摄记录，都可能是一幅幅令人难以忘怀的画面。

故宫的门，一般都是木质材料的，经过岁月的侵蚀，留下的痕迹尤为明显。

故宫窗门上的锁，纹路精巧，在阳光照射下闪闪发光，侧光拍摄时，纹路会显得更加清晰。

故宫花雕上的那些图案，如果是刚维护油漆完，色彩一定是非常华丽的。但是，过了一段时间，当漆的颜色慢慢褪去，漆块发生斑驳和脱落，则会产生一种新的凄凉的美。

御花园的古树历史悠久，在不同的光线照射下，或者在雨雪天气时，这些苍老的古树皮常表现出独特的质感美。

故宫有无数的兽，尤其以屋顶上的脊兽更加生动，它们终日经受着烈日暴晒、雨打风霜，岁月打磨的痕迹一览无遗。

故宫新影

被镜头定格的历史风华

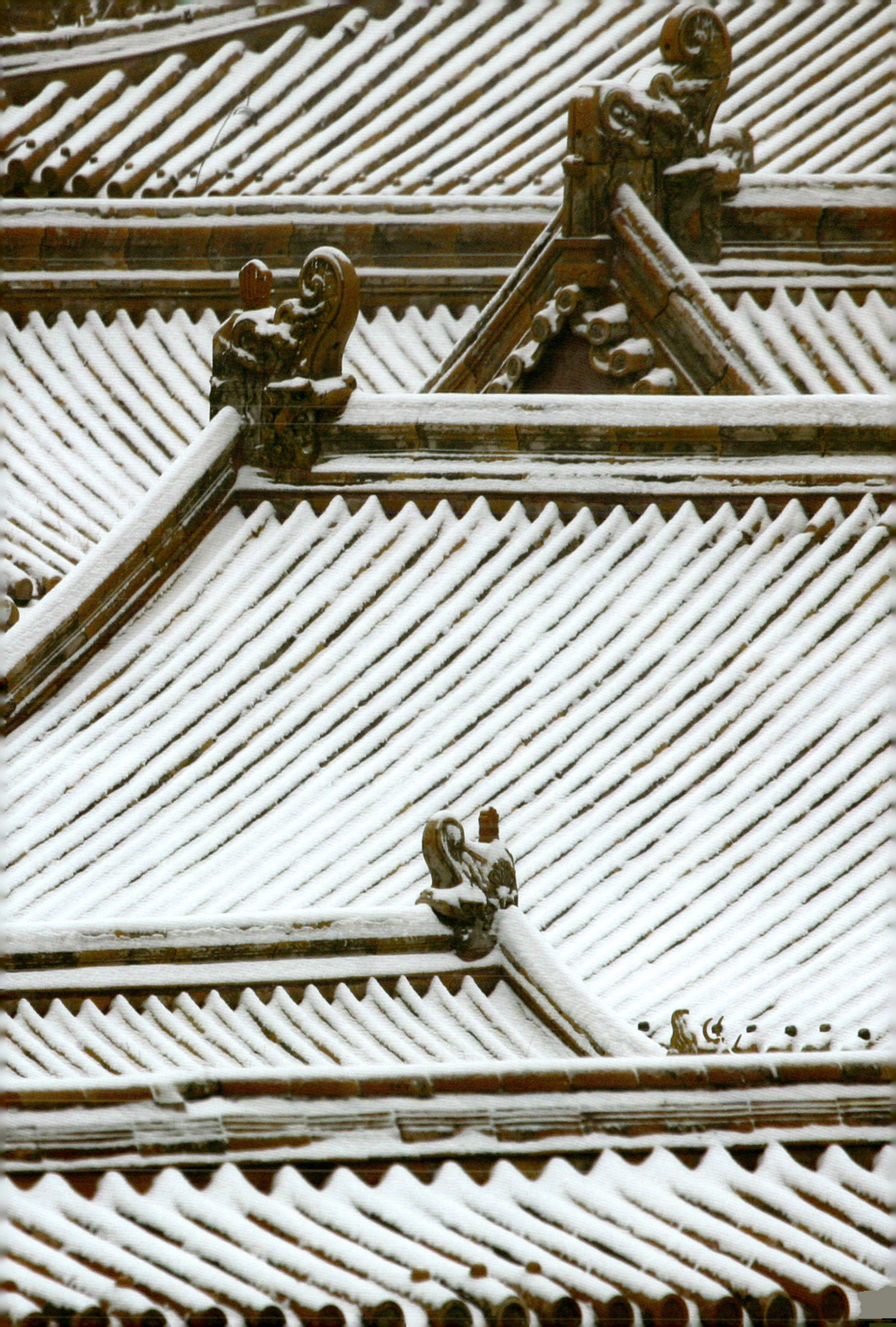

少白说·如何掌握好视角的变换拍摄故宫

我认为，视角的选择有很大的偶然性，对我合适的，也许根本不适合别人。因此没有成功的范式。

人们观察事物最多的方式是平视角，拍摄故宫时，这个视角我用得最多。要想拍好故宫，首先要把平视角用好，它最接近于人的观感。

但是，我们不能把自己局限死，不能只会用平视角。所以，我也经常采用仰角。有时，我直接躺在地上，向上仰拍，把屋檐、天空、云朵以及楼阁组合在一起，只有采用仰角，才能往上拍到这么多的景象。

曾经有一个摄影者拍摄太和殿，使用广角镜头，从下向上仰拍，太和殿就像金字塔一样，巍峨耸立。

钟粹宫是东六宫里面一个重要的宫殿，很多人都去那里拍过。我拍摄时，一直思索着怎样才能和别人不一样。最后，我干脆不用平视角，躺在地上向上看，终于用仰视的拍摄手法，把钟粹宫的多个屋檐组合在一起，得到一张不平常的作品。

当你登上城墙和高高楼阁的时候，最好采用俯视的方法。从景山上俯拍故宫，殿宇如同建筑之海一样，让人睹之心潮澎湃。

好多人有一个误区，认为俯视必须要达到一定高度才叫俯视，其实不然，从上往下看都叫俯视。拍摄地面水中倒影、石阶上的小草，也是别有趣味的。当然，我曾经登临太和殿屋顶向下拍摄，就是一种典型的俯拍手法，这份独享的摄影机遇，让我大饱眼福。

新故
影宮

被镜头定格的历史风华

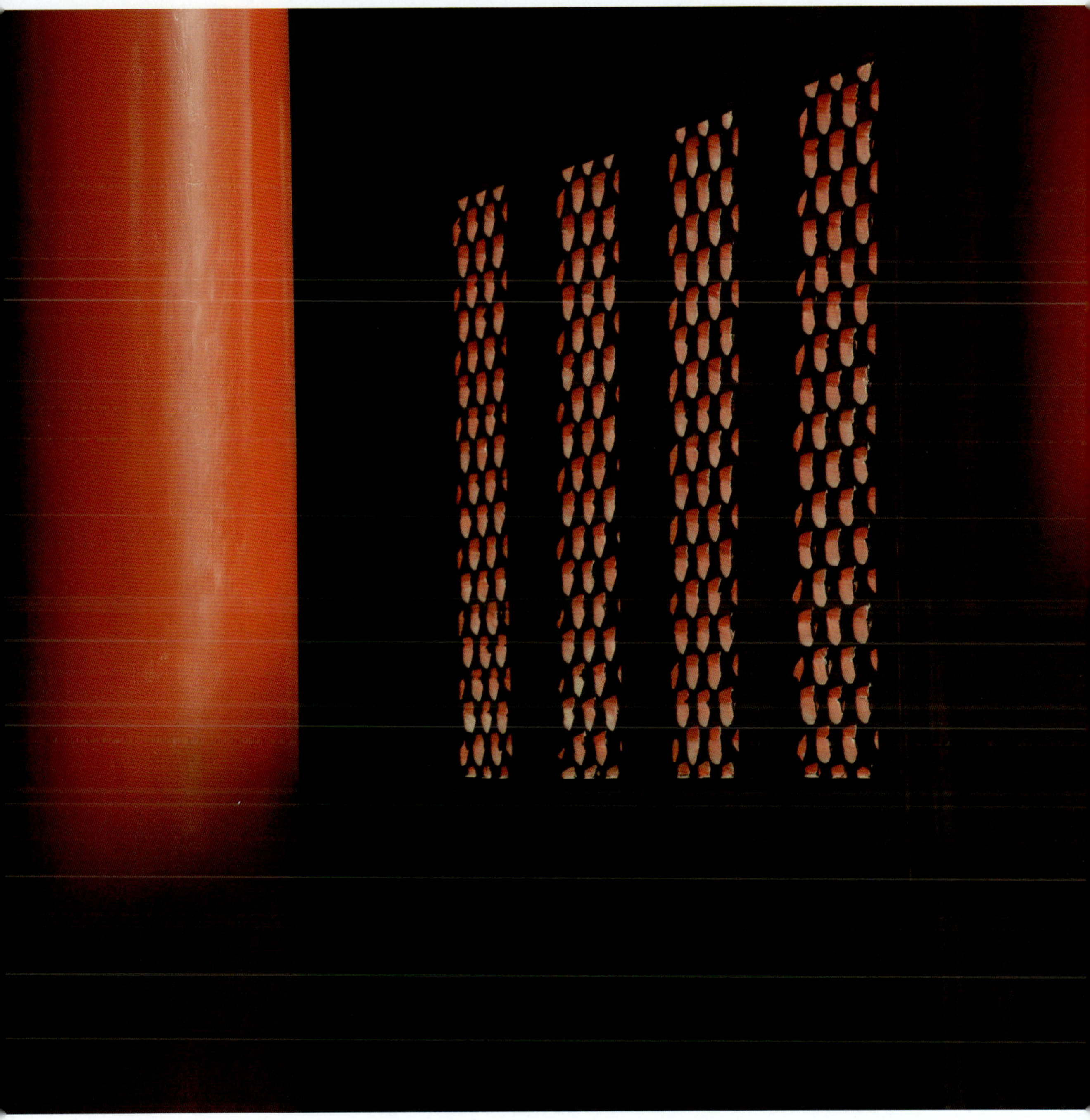

午門

少白说·如何运用好镜头拍摄故宫

在拍摄故宫时，镜头肯定是带得越全越好，长焦、中焦、广角、超广角甚至鱼眼镜头，各有各的用途。

广角镜头是拍摄的首选，把太和殿前的大广场拍出雄伟、宏大的气势，把三宫六院拍全，把窄小的御花园拍好，离开广角镜头是不行的。

变焦镜头的好处就是方便，飞过的鸟儿、突然出现的猫、闪过的意外光线，我使用变焦镜头都能飞快地抓拍下来，不放过精彩的瞬间。

大变焦长焦镜头作用巨大，从城墙上，从景山顶上，从丹陛台上，从北京饭店贵宾楼上，都可以用长焦镜头，拍摄到很多好画面。我常常只带一个28~300mm腾龙大变焦镜头进故宫，完全能满足大部分需要，拍摄出来的影像素质也很好。

三大殿的丹陛非常壮观，一层层的大理台阶和柱子排列有序，使用长焦镜头从侧面拉过来，压缩的空间感形成一种极强的秩序美。

标准镜头也有很大的作用，例如拍摄太和殿广场，如果没有广角，就可以使用标准镜头拍摄接片，从左到右，一张一张拍摄，接起来后，照样能拼出一张气势宏大的好照片。

在故宫里，我们可以看到好多人背着沉重的摄影包，装满镜头，他们运用各种镜头，试图去发现好“镜头”。

我的镜头很少，在拍摄故宫时，常用的镜头有：24mm广角、

24~105mm 变焦、100~400mm 变焦，近些年来，我更喜欢“一镜走天涯”的 28~300mm 镜头。

我从不带多的镜头，我不是用镜头去适应拍摄的东西，而是要反过来，用有限的镜头，克服它的局限性，把它的功能超常发挥。这样，我拍摄出来的故宫就可能和别人的不同，更有个性，让人感到陌生，甚至让别人感到不可思议。

少白说·如何拍好故宫的门与窗

我觉得故宫的门值得特别关注并下大力气拍摄，因为故宫的门窗是很讲究的，几乎没有重样，有各种造型、各种装饰。

故宫有2000多个门，分为大门、小门，宫里宫外拍出来的感觉是不一样的。太和殿的门最为华丽，从东到西一排，这个是非常难得的景象。故宫的门除了上面的门钉以外，没有太多的装饰物。这些门虽然各式各样，但大致雷同，比如色彩基本都是红色，大的门上面都有九九八十一颗门钉。

故宫的门大大方方规整讲究，让人感觉到庄严、厚重。好多门与其说是一个门，不如说它是一个宫殿，太和门先是柱子才是门，午门下面有三个门，还有神武门、东华门、西华门，这些门都是我们可以拍摄到的。

拍摄门和窗有两个技巧：一是利用剪影的形式从里向外拍，天空的亮光可以将门窗的线条造型映衬得非常明显和流畅。二是框式结构的拍摄，把门窗当作前景，将故宫的殿宇框进来。例如我有一张午门的照片，当时我找了一扇造型别致的窗户，透过窗户来拍午门。我把焦点放在门窗上，将门窗的线条感表现得特别清晰，虽然远处的午门并不那么清晰，但图片上保留的形状依然可以让人们辨识出那是午门。

太和殿的门和窗特别讲究，雕饰富丽堂皇。拍摄时，可以从侧面取景，既有纵深感，又有装饰效果。我们可以用长焦镜头取景，镜头的压缩感可以把门之间的距离缩短，显得更加紧凑。我们也可以把焦点聚在某一扇门上，让前后景都虚化，从而更好地体现细节美。

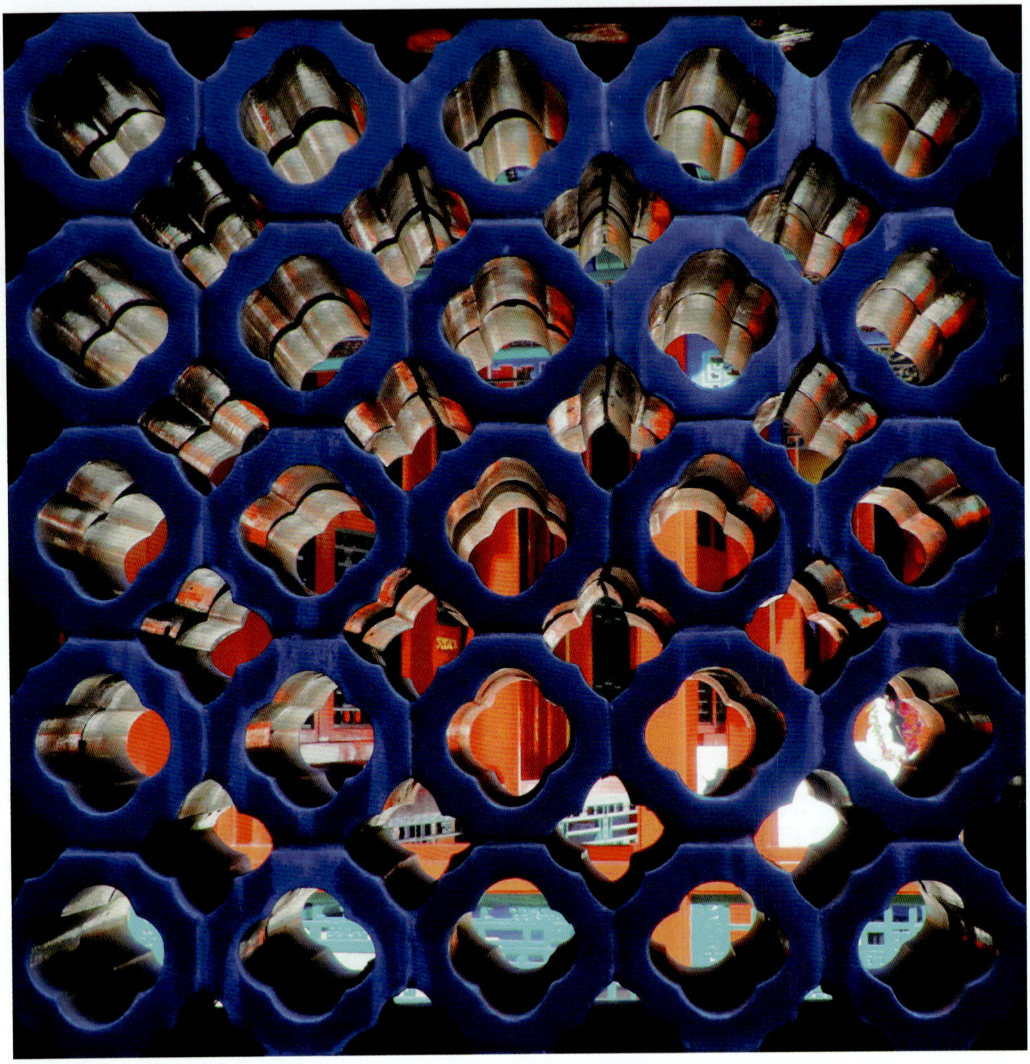

少白说·如何隔着窗户玻璃拍摄宫殿室内

遮掉玻璃上的反光，才能拍好室内景象。

最好的办法就是在相机镜头前做一个大一些的黑罩子，这个罩子能把周围反光都遮住，镜头在罩子里转动，可以较好地拍摄室内景象。

拍摄宫殿室内的最好季节是冬天，冬天的落日从西南面照到宫殿里，这些宫殿正好都是坐北朝南的，这样可以从西六宫正面的玻璃窗往里拍，也可以转到宫殿后面拍摄逆光中的景象。

很多人觉得把相机镜头死死地贴合在玻璃上，就会没有反光。其实不然，直接贴在玻璃上面拍摄是不行的，总归还是会有一些反光，因为拍照是需要角度的，只要镜头稍微左斜一点、右斜一点，都难免会出现反光。

如果觉得做罩子麻烦，可以用自己的手搭一个临时罩子，或者找一个伙伴，帮助遮一下，也能达到克服反光、拍好室内景物的效果。

新故
影宫

被镜头定格的历史风华

新故
影宫

被镜头定格的历史风华

少白说·如何处理好故宫内主体和背景的关系

背景有几个作用，首先就是背景和前景的关系，背景是一个景，它可以将主体衬托出来。一个在后，另一个在前，这样的组合，就能把画面展示清楚。比如说，御花园里面有很多太湖石，要区别它和别的地方的太湖石不一样就必须配有宫殿、红墙，一看就知道是故宫的环境。这时，背景就起到重要的提示作用了。

背景常常还起到组合作用，在慈宁宫拍摄时，我将兽尾和远处的汉白玉栏杆结合在一起，利用它们形状相似之处，采用剪影的方式，形成一种韵律美的画面。

我们可以先确定背景，然后去找前景，也可以先确定前景，然后再去找背景，让它们有机地组合在一起。这个时候，就会产生一种奇妙的组合效果，这是不容易想到的，绝大多数人常常视而不见，或者容易忽略。大家可以多使用这种方法来发现场景，构思画面。

我曾经拍摄雨花阁的金龙，利用长焦镜头拉过来，但是背景空空、意境不足。我四处寻找，发现了远处的北海白塔。因为它很远，不甚明显，很少有人注意到。于是，我四处移动位置，终于以雨花阁金龙做前景，将几里路以外的白塔收入镜中。由于长焦镜头具有放大和压缩的功能，白塔就成了雨花阁金龙的背景，这种漂亮的组合，产生了一种新奇的构成，虽然我并不是说明故宫和白塔有关系，但是将一条龙和一个白塔结合在一起，是一件很有意思的事情。因此，千变万化的前景和背景组合可以产生无数的精彩画面。

对于摄影者来说，有效的背景还可以净化画面，有的时候故宫里还是很杂乱的，只要你能找到好背景，就可以让画面干净。有些人照片里的东西太杂乱，就是不擅于选择背景。

另外，还可以利用背景来丰富画面的内容。很多人的照片过于“干净”，就显得很单调了，只有把背景的内容和形式与前景有机地结合，整张图片的内涵就显得非常丰富了。

故宫新影

被镜头定格的历史风华

后记

拍不完的故宫

镜头永远说不完故宫的故事。

故宫里有近万间大大小小的房屋，围绕这万间房屋又坐落着无数的院庭、通道，房屋外面配置着数不清的屋脊兽、砖雕木雕，房屋里面又是别有洞天，有不同的摆设布局………

故宫为我们提供的摄影元素取之不竭，这些元素之间又有紧密的联系。

在一个建筑空间里，人们可以转化不同视角，采用各种镜头和不同的焦距拍摄，即使是同一对象，也可以拍出不同感觉的图片。如果再加上光影变幻，不同的曝光运用，再利用好反光，那么，摄影的变化就无穷无尽了。

另外，我们还可以看到故宫本身也是在不断变化，我在故宫拍了四十年，目睹了故宫的沧海桑田。

例如，以前的故宫门上不贴对联，现在有了。有的地方以前没有栏杆，现在添加了。有些地方以前没有石狮子，现在不知从哪里搬过来了。有的雕像因为需要也挪动到其他位置上……时光在流逝，故宫也一直在变动。

我有一张照片，拍摄的是丹陛上掉落的神兽龙头，谁能想到，那么厚实的神兽龙头哐当一下掉在地上，恐怕几百年也就发生这么一次吧，恰巧就被我捕捉到了。

另外，故宫里面每天都会接待不同的游客，有人就会有影子，出现在不同地方，就会有不同的光影，在故宫中，令人意想不到的景象太多太多了，可以说故宫是拍不完的。

所以，广大摄影者千万别愁故宫里没有新东西拍了，再拍摄几百年，恐怕也不会拍完的。大家一定可以跟我一样，拍摄出属于自己的“故宫新影”。

李少白